LA CINQUANTAINE,

PASTORALE EN TROIS ACTES,

REPRÉSENTÉE,

POUR LA PREMIERE FOIS,

PAR L'ACADEMIE-ROYALE *DE MUSIQUE*,

Le Mardi 13 Août 1771.

PRIX XXX. SOLS.

AUX DÉPENS DE L'ACADÉMIE.

A PARIS, Chés DE LORMEL, Imprimeur de ladite Académie, rue du Foin, à l'Image Sainte Genevieve.

On trouvera des Exemplaires du Poeme à la Salle de l'Opera.

M. DCC. LXXI.

AVEC APPROBATION ET PRIVILEGE DU ROI.

Les Paroles de M. DESFONTAINES.

*La Musique de M. ***.*

ACTEURS CHANTANTS.

DANS LES CHŒURS.

Côté du Roi.		Côté de la Reine.	
Mesdemoiselles.	*Messieurs.*	*Mesdemoiselles.*	*Messieurs.*
du Puis.	Héri.	Floquet.	l'Écuyer.
d'Hautrive.	Cailteau.	Hebert.	Albert.
Garrus.	Van-Hecke.	d'Agée.	Tourcati.
de Laurette.	Vatelin.	des Rosieres.	Pâris.
Durand.	Larssure.	Jouette.	Ghuiot.
Fontenet.	Larlat.	de l'Or.	Capoi.
l'Etienne.	Lagier.	Chenais.	Marniesse.
Renard.	Martin.	Denis, l.	Roi.
Girardin.	Dessart.	Rouxelin.	Laurent.
Veron.	Méon.	Quinson.	Huet.
le Queulx.	Cleret.	S. Julien.	Parant, c.
Beauvernier.	Beghaim.	de Merei.	Itasse.
le Fevre.	Tacusset.		Baillion.
Thibault.	Royer.		Jalaguier.
Héri.	Cazal.		Jouve.
	de Lori.		Noelle.
	Clairembeault.		Gouzet.

ACTEURS.

GERMAIN, *vieux Fermier*,	M. l'Arrivée.
THÉRESE, *sa Femme*,	Mme. l'Arrivée.
LUBIN, *Neveu de* GERMAIN,	M. le Gros.
COLIN, *jeune Garçon*,	Mlle. Lafond.
COLETTE, *jeune Fille*,	Mlle. Dervieux.
LE BAILLI,	M. Durand.
UN BUCHERON,	M. Muguet.
UNE BERGERE *âgée*,	Mlle. Davantois.

PERSONNAGES DANSANTS.

ACTE PREMIER.

BUCHERONS & BUCHERONNES.

M. DAUBERVAL, Mlle. PESLIN.

Mlle. GUIMARD.

Mrs. Aubry, Caster, Martinet, Simonet.

Mlles. Adrienne, Aubert, Duménil, Maupin.

PAYSANS & PAYSANNES.

M. SIMONIN.

M. MALTER, Mlle. PITROT.

Mrs. Liesse, Giguet, Larue, Hennequin, c.

Mlles. Louison, Duchenois, Levrai, Desgranges.

ACTE SECOND.

Le SEIGNEUR du Village.

M. GARDEL.

La DAME du Village.

Mlle. HEINEL.

SUITE *du SEIGNEUR & de la DAME du Village.*

M^{rs}. Beaulieu, Gallet, Henri, Rivet.

Mlles. Gaudot, Blondeval, Rozé, Martin.

DÉPUTÉS.

M^{rs}. ROGIER, MALTER.

M^{rs}. Granier, Leger, Leroi, Hennequin, l.

BERGERES.

Mlles. Desforges, Sidonie, Gallet, Thevenet.

PAYSANS & PAYSANNES.

M^{de}. PITROT.

M^{rs}. Lieſſe, Giguet, Larue, Hennequin, l.

Mlles. Louiſon, Buré, Duchenois, Levray.

ACTE TROISIÉME.

VIEUX & VIEILLES.

M[rs]. GIROUX, LEDOUX.

Mlles. LESCOT, MAUPIN.

Jeunes PAYSANS.

M. GARDEL. Mlle. GUIMARD.

Jeunes PAYSANNES.

M[rs]. Léger, Granier, Leroi, Duchefnes, Lefevre, Hennequin, l.

Mlles. Gaudot, Blondeval, Rozé, Martin, Lallin, Deshaies.

PAYSANS, Paftres.

M. DAUBERVAL, M. ALLARD.

M[rs]. Aubri, Cafter, Martinet, Simonet, Beaux, Guillet.

Mlles. Desforges, Sidonie, Delorme, Thevenet, Henriette, Lebel.

LA CINQUANTAINE, PASTORALE.

ACTE PREMIER.

Le théâtre représente une partie de bois, terminée par des coteaux, remplis d'arbres. Sur un des côtés, on voit la maison du Bailli. Il fait petit jour.

SCÈNE PREMIÈRE.

COLIN, seul.

LE sommeil me fuit, je soupire,
Je ne veille que pour souffrir:

Ah ! quelle peine ! quel martyre !
S'il dure encor, il faut mourir.

Le Bailli me promet une jeune Bergere,
Qui m'aime, autant qu'elle m'eſt chere,
Et juſques à ſeize ans, je dois encor hélas !
Être privé de ſes appas !

Le ſommeil me fuit, je ſoupire,
Je ne veille que pour ſouffrir ;
Ah ! quelle peine ! quel martyre !
S'il dure encor, il faut mourir.

(*Le* BAILLI *ſort de chez lui, & traverſe la Scène :* COLIN *l'apperçoit & l'arrête.*)

SCÈNE II.

LE BAILLI, COLIN.

COLIN.

AH ! de grâce, daignés m'entendre...

LE BAILLI.

J'ai ſouſcrit à ton choix, & tu ſeras heureux ;
Mais je te ſers de pere, & c'eſt à toi d'attendre
L'inſtant que j'ai fixé, pour couronner tes feux.

COLIN.

COLIN, retenant le Bailli.

Je vous ſuivrai par tout...

LE BAILLI.

Le plus doux eſclavage
Détruit l'amour & la gaité.
Chanter & rire eſt ton partage,
Profite des droits de ton âge,
Et conſerve ta liberté.

COLIN.

Rien ne peut plus calmer le feu qui me dévore...

LE BAILLI.

Pour te guérir de ce tourment,
Ta Colette eſt trop jeune encore,
Comme elle, tu n'es qu'un enfant,
Et je ne puis céder à ton empreſſement.

COLIN.

On n'eſt point enfant, quand on aime,
On ne l'eſt point, je le ſens bien :
Ma Colette penſe de même,
Jugés de ſon cœur par le mien.
Au ſentiment qui nous inſpire,
Pourquoi voulés-vous réſiſter ?

S'il eſt des loix à nous preſcrire,
L'amour ſeul doit nous les dicter.

LE BAILLI.

Pour uſer des biens qu'il nous donne,
Le ciel a marqué les inſtans,
On ne jouit que dans l'Automne
Des fruits qui naiſſent au Printems.
C'eſt quand elle eſt épanouie,
Que la fleur doit ſe moiſſonner;
Une rôſe, trop tôt cueillie,
N'eſt qu'un inſtant à ſe fanner.

COLIN.

Par une humeur triſte & ſévère,
Ceſſés de combattre nos feux;
Lorſque l'on ſait aimer & plaire,
On eſt dans l'âge d'être heureux.
Au matin de notre jeuneſſe,
L'amour nous perce de ſes traits;
Faut-il attendre la vieilleſſe,
Pour avoir droit à ſes bienfaits?

DUO.

LE BAILLI.	*COLIN.*
Par une humeur triste & sévère,	Par une humeur triste & sévère,
Je ne combattrai point vos feux :	Cessés de combattre nos feux
Vous vous aimés, vous savés plaire,	Lorsque l'on sait aimer & plaire,
A seize ans, vous serés heureux.	On est dans l'âge d'être heureux.

(*Le* BAILLI *sort, on voit arriver sur le coteau, une troupe de Bucherons, qui se disposent à travailler.*

COLIN.

Il se refuse à ma priere,
Mais je vais, de ce pas, m'adresser à Germain :
Il chérit ma Colette, & son cœur moins contraire
Aura pitié de mon chagrin.

☆☆☆☆☆☆☆:☆☆☆☆☆☆☆☆☆☆☆☆☆☆☆☆☆☆☆☆

SCÈNE III.

BUCHERONS.

UN *BUCHERON.*

ALlons, allons, commençons notre ouvrage,
Pour l'achever, unissons-nous,
Frappons tous, reprenons courage,
Que ces bois tombent sous nos coups.

LE CHŒUR.

Allons, allons, *&c.*

LE BUCHERON.

Le travail n'eſt plus une peine,
Lorſque l'amour vient l'adoucir,
Et quand je ſonge à mon Hélene,
Tout, pour moi, ſe change en plaiſir.

LE CHŒUR.

Allons, allons, *&c.*

(*Travaux des Bucherons.*)

LE BUCHERON (*aux Travailleurs.*)

Déja l'aurore eſt plus vermeille,
Le ſoleil renaiſſant va brûler ces coteaux :
Venés, à l'ombre de la treille,
Goûter un inſtant de repos.

(PANTOMIME.)

SCÈNE IV.

LUBIN, ET LES ACTEURS DE LA SCÈNE PRÉCÉDENTE.

LUBIN.

Mes enfans, quittés votre ouvrage,
Mes vieux parens vont aujourd'hui
Renouveller leur mariage,
Depuis cinquante ans accompli,
Et je veux que tout le village
Partage la gaité, dont mon cœur eſt rempli.

(*Des Payſans & des Payſannes traverſent le coteau pour aller travailler dans les champs.*)

LUBIN.

Accourés, aimables fillettes,
Remettés, à demain, le ſoin de vos troupeaux :
Venés, au doux ſon des muſettes,
Danſer à l'ombre des ormeaux.

(*Les Payſans & les Payſannes deſcendent.*)

SCÈNE V.

LUBIN, ET LES ACTEURS DE LA SCÈNE PRÉCÉDENTE.

PAYSANS, PAYSANNES.

LUBIN.

CHantés, chantés, que tout respire,
Dans ce séjour,
L'allégresse que nous inspire
Cet heureux jour.

LE CHŒUR.

Chantons, &c.

(*Pendant ce Chœur, les* BUCHERONS *s'unissent aux jeunes filles, & forment avec elles une ronde, dansée sur l'air suivant.*

LUBIN.

L'hiver vient de quitter nos plaines,
L'aurore annonce le Printems :
Consolés-vous, tendres amans,
L'amour va terminer vos peines :
Le Printems, l'aimable Printems
Est le dieu des tendres amans.

LE *CHŒUR.*

Le Printems, *&c.*

LUBIN.

Déja Rosine & Colinette
Vont fouler les gâsons naissans :
Des fleurs, qui décorent nos champs,
Allés embellir leur houlette :
Le Printems, l'aimable Printems
Est le dieu des tendres amans.

LE *CHŒUR.*

Le Printems, *&c.*

LUBIN.

Fixés-les sous le verd feuillage,
Le bonheur y suit le desir,
C'est pour l'amour & le plaisir,
Que l'ormeau reprend son ombrage :
Le Printems, l'aimable Printems
Est le dieu des tendres amans.

LE *CHŒUR.*

Le Printems, *&c.*

(*Pas de* BUCHERONS.)

LUBIN.

Mais auprès du Bailli, le devoir nous appelle,
Venés, par vos chants & vos jeux,
Honorer le couple fidèle,
Dont il va resserrer les nœuds.

(*Les* PAYSANS *dansent durant le Chœur suivant.*)

LE CHŒUR.

Allons, par nos chants, & nos jeux,
Honorer le couple fidèle,
Dont il va resserrer les nœuds.

LUBIN.

Augmentons, par notre zèle,
Les plaisirs d'un si beau jour,
De l'Hymen & de l'Amour
Célébrons tour à tour
La douceur toujours nouvelle...
Mais auprès du Bailli le devoir nous appelle.
Allons, *&c.*

(*Tout le monde sort en chantant le Chœur suivant.*)

LE CHŒUR.

Allons, par nos chants & nos jeux,
Honorer le couple fidèle,
Dont il va resserrer les nœuds.

FIN DU PREMIER ACTE.

ACTE SECOND.

Le théâtre représente partie d'un hameau : au fond, est la ferme habitée par THÉRÈSE *&* GERMAIN. *Celui-ci en sort avec* COLIN *&* COLETTE, *sur lesquels il s'appuie.*

SCÈNE PREMIÈRE.

GERMAIN, COLETTE, COLIN.

GERMAIN.

TENDRES appuis de ma vieillesse,
Cessés de répandre des pleurs :
(*à* COLETTE.)
Je te chéris, Colin : Ton repos m'intéresse ;
Dans mon sein paternel déposés vos douleurs.

C

COLETTE, *montrant* COLIN.

Le Bailli, chaque jour, augmente ſa triſteſſe.

COLIN.

Il afflige l'objet, qu'il me permit d'aimer.

COLETTE.

Terminés ſes chagrins ....

COLIN.

Couronnés ſa tendreſſe,
Et nos cœurs n'auront plus de deſirs à former.

GERMAIN.

Du dieu, dont vous portés les chaînes,
Il faut connaître les rigueurs ;
Nous ne pouvons, que par nos peines,
Juger du prix de ſes faveurs.
Un bonheur qui n'a point d'orages,
N'offre que des biens imparfaits :
Si l'hiver étoit ſans nuages,
Le printems aurait moins d'attraits.

COLETTE à GERMAIN.

Quand on voit toûjours ce qu'on aime,
Les plus longs hivers ne ſont rien :

Chaque ſaiſon ſera la même
Pour ſon amour, & pour le mien.

COLIN à GERMAIN.

Lorſque la biſe & la froidure,
Viennent dépouiller nos jardins,
Votre âme en eſt-elle moins pure?
Vos jours en ſont-ils moins ſereins?

COLIN, COLETTE.

Quand on voit toûjours ce qu'on aime,
Les plus longs hivers ne ſont rien:
Chaque ſaiſon ſera la même
Pour ſon amour, & pour le mien.

GERMAIN.

Du Bailli ſeul votre ſort doit dépendre,
La mort de vos parens vous mit en ſon pouvoir,
Et c'eſt de ſon aveu que vous devés attendre
Le moment d'un himen, qui flatte votre eſpoir.
(*à* COLETTE.)
Mais d'un fils, que j'aimais, tu reçus la lumière,
(*à* COLIN.)
De ton pere expirant je fermai la paupière,
Je partageai vos pleurs, à leurs derniers ſoûpirs,

Et mon âme toute entière
Vole au-devant de vos desirs.

COLIN.

Ah ! c'est en vous seul que j'espere,
Prenés pitié de nos tourmens !

COLETTE.

C'est vous qui nous servez de pere,
Protégés vos tristes enfans.

TRIO.

COLIN, COLETTE	*GERMAIN.*
Ah ! c'est en vous seul que j'espere,	Oui, je vous servirai de pere,
Prenés pitié de nos tourmens :	Consolés-vous, mes chers enfans.
C'est vous qui nous servés de pere,	Le Bailli sera moins sévere,
Protégés vos tristes enfans.	Je mettrai fin à vos tourmens.

(*COLETTE & COLIN se séparent avec peine, THÉRESE sort de sa chaumiere : GERMAIN va au-devant d'elle : les deux jeunes gens lui baisent la main : COLIN s'en va; COLETTE rentre chés GERMAIN.*)

SCÈNE III.

THÉRESE, GERMAIN.

GERMAIN.

Viens t'asseoir, avec moi, sous ce rïant feuillage;
De ton amour, autrefois en ces lieux,
Le mien reçut le premier gage,
Et près de toi, dans ce bocage,
Tout s'unit, pour me rendre heureux.

(*Thérese & Germain vont s'asseoir sur un lit de gazon.*)

THÉRESE.

Tout ce que j'y vois, me rappelle,
L'instant où je fixai ton cœur;
Ainsi que moi, tendre & fidele,
De mes jours tu fis la douceur:
Notre himen, qui se renouvelle,
Me promet le même bonheur.

GERMAIN.

Dans cet azyle solitaire,
La vertu forma nos liens,

Et depuis cinquante ans, ma chere,
Tes desirs y règlent les miens;
Toûjours t'aimer, toûjours te plaire,
Voilà mes trésors & mes biens.

ENSEMBLE.

Comme autrefois, tendre & sincere,
Tous mes desirs seront les tiens;
Toûjours t'aimer, toûjours te plaire,
Voilà mes trésors & mes biens.

GERMAIN.

J'étais au printems de mon âge
Quand l'himen unit nos ardeurs,
Et de mon simple hermitage
La jeunesse & l'amour te firent les honneurs...

THÉRESE.

L'hiver a ses plaisirs, partageons-les ensemble,
Et rendons grace au ciel du nœud qui nous rassemble;
Vivons, pour l'en bénir, & lorsque le trépas
Viendra marquer ma dernière heure,
Je mourrai, sans regret, si je meurs dans tes bras...
Tu pleures, Germain!...

GERMAIN.

Oui, je pleure.
Quand d'un himen, si cher, le cours est terminé,

Mon cœur, des deux époux, plaint celui qui demeure ;
Celui qui perd le jour, est moins infortuné.

THÉRESE.

Éloigne, mon ami, cette cruelle image,
Et n'arrose point de tes pleurs,
Le peu de fleurs
Que l'instant, qui nous luit, séme sur ton passage.

ENSEMBLE.

Jamais deux époux
Furent-ils plus heureux que nous ?
Quelle yvresse !
Quel jour pour ma tendresse !
Tout le feu de ma jeunesse
Est prêt à se rallumer,
Je tiens ta main, je la presse,
Je renaîs, pour mieux t'aimer.
Oui, l'amour, dans mon cœur,
Réveille sa douce flâme,
Le tien partage l'ardeur,
Que je puise dans ton âme.
Nœuds chéris, nœuds pleins d'attraits !
Plaisirs purs & parfaits !
Non, non, jamais deux Epoux
Ne furent plus heureux que nous :

Tout le feu de ma jeunesse
Est prêt à se rallumer,
Je tiens ta main, je la presse,
Je renaîs, pour mieux t'aimer.

SCÈNE III.

Les mêmes, LE BAILLI, *DÉPUTÉS du Village.*

LE BAILLI.

PRemier Député du village,
Du Seigneur de ces lieux, Intendant & Bailli,
A ces titres, couple chéri,
Je viens de tous les cœurs vous présenter l'hommage:
Pour votre nouveau mariage,
Tous les deux, à ma voix, il faut vous préparer,
Près de vous, par mes soins, réunis sous l'ombrage,
Ce soir nos habitants viendront le célébrer.

GERMAIN.

Qui peut nous mériter cette faveur extrême?

LE BAILLI.

Le hameau, tout entier, vous respecte & vous aime;
Honorer Thérese, & Germain,
Les imiter, soir & matin,
C'est honorer la vertu même.

LE *CHŒUR.*

LE *CHŒUR.*

Honorer Thérefe, & Germain,
Les imiter, *&c.*

GERMAIN.

Du bonheur, que le ciel accorde à mes fouhaits,
Vos égards augmentent les charmes;
D'un couple, qui gémit, terminés les alarmes,
Et tous mes vœux font fatisfaits.

LE *BAILLI.*

De ce couple, qui vous implore,
Sufpendons la félicité,
Pour le rendre plus vif encore,
Le bonheur doit être acheté.
Souvent aux bergers, qu'il engage,
L'amour prodigue fes douceurs:
L'himen plus difcret, & plus fage,
Veut qu'on mérite fes faveurs.

GERMAIN.

Pour s'enflâmer, & pour fe rendre,
Deux jeunes cœurs attendent le defir,
Quand le defir fe fait entendre,
Il eft, pour eux, le fignal du plaifir.

THÉRESE au B*AILLI.*

Vous aimés ces enfans, leur ſort vous intéreſſe.....

LE *BAILLI.*

Puis-je être indifférent, quand vous parlés poux eux?...
Germain, mon cher Germain, pénétrés-les tous deux,
Éprouvés leur amour, conſultés leur tendreſſe,
Et ſi le ſentiment, qui fit naître vos feux,
Leur inſpire aujourd'hui le deſir qui les preſſe,
De leur himen enfin nous formerons les nœuds.

GERMAIN.

Ah! ne différons plus, & courons leur apprendre..

(*On entend les premières meſures d'une marche.*)

LE *BAILLI.*

De nouveaux chants ſe font entendre....
Demeurés en ces lieux, & goûtés, avec nous,
Des plaiſirs que l'himen a fixés près de vous.

(*Sur la marche annoncée, arrivent* LUBIN, *des bergères âgées, de jeunes garçons, & de jeunes filles : ils ſont ſuivis par le Seigneur & la Dame du village, accompagnés de leur ſuite. Tandis que* LUBIN *chante, la Dame & le Seigneur préſentent à* THÉRESE *la couronne du mariage.*)

SCÈNE IV.

Les mêmes, le SEIGNEUR, *la* DAME *du village*, LUBIN, *suite du* SEIGNEUR, BERGERES *âgées*, JEUNES FILLES, JEUNES GARÇONS.

LUBIN, à THÉRESE.

AU printems de votre âge,
La couronne du mariage
Vous fut offerte par l'amour :
Au bout de cinquante ans, l'himen, qui vous engage,
Fait renaître cet heureux jour ;
Au bout de cinquante ans encore,
Puisse l'époux, qui vous adore,
Vous en annoncer le retour.

CHŒUR.

Au printems, &c.

THÉRESE, à la Dame du village.

Ah ! veuille l'himen, que j'implore,
Vous combler des mêmes faveurs ;

Pour votre époux chéri, puiſſe-t-il faire éclorre
Le moment qu'il accorde à nos tendres ardeurs.

(*On danſe.*)

GERMAIN.

Ainſi qu'au village,
Aimés, ſans partage,
Aimés, comme nous;
Chaque jour, pour vous,
Sera le préſage
Des biens les plus doux.
Fuyés le parjure,
Suivés la nature,
Goûtés le vrai bonheur,
On le cherche bien loin, il eſt dans notre cœur.

LE CHŒUR.

Ainſi qu'au, *&c.*

GERMAIN.

Jamais de contrainte,
La moindre feinte,
Nous conduit à la froideur:
De nos tendreſſes,
De nos careſſes

L'innocence, & la candeur
Font la douceur.

LE CHŒUR.

Ainsi qu'au, *&c.*

(*On danse.*)

THERESE.

L'amour nous fixa dans ces bois,
Nous y suivons ses douces loix,
Ce dieu prolonge ma jeunesse,
En conservant à ma vieillesse
L'objet chéri, dont mon cœur a fait choix.

L'amour nous fixa dans ces bois,
Nous y suivons ses douces loix:
Ce dieu prolonge ma jeunesse,
En conservant à ma vieillesse
L'objet de mon choix.

Près de l'époux que j'aime,
Mon âme est toûjours sans chagrin,
Et mon bonheur, toûjours le même:
Un sommeil pur, un réveil serein,
De beaux matins, des soirs sans nuage;

Tel fut, en tous les tems, le destin
Du nœud fortuné qui nous engage :

L'amour nous fixa, *&c.*

Sans regret, j'ai vu passer l'âge,
Dont le plaisir embellit les momens :
Dans mon hermitage,
Tout me dédommage
Des beaux jours de mon printems :
Même prévenance,
Mêmes soins, même constance,
De deux époux, font deux amans.

L'amour nous fixa, *&c.*

(*Pantomime des Députés du village.*)

UNE *BERGERE âgée, à* THÉRESE.

Jusques au moment de la fête,
De l'objet de vos vœux il faut vous séparer :
Pour cet heureux moment, que l'amour vous apprête;
C'est à nos mains de vous parer.

THÉRESE.

A vos souhaits je vais me rendre;

Adieu, mon cher Germain :

GERMAIN.

Songe que ces inſtans
Seront tous regrettés par l'époux le plus tendre :
A notre âge, on doit être avare de ſon tems.

THERESE.

Mon cœur, comme le tien, comptera les momens.

(*Les Bergeres âgées emmenent* THÉRESE.)

SCÊNE V.

GERMAIN, LE BAILLI, LUBIN, DÉPUTÉS, JEUNES GARÇONS, JEUNES FILLES.

LUBIN.

DUrant cette abſence,
Fixons en ces lieux,
Les ris & les Jeux;
Chantons la conſtance,
Goûtons ſes attraits,
Ne changeons jamais.

LE *CHŒUR*.

Durant cette, *&c.*

(*Pas de deux.*)

LUBIN.

Laiſſons, dans nos vergers, le papillon volage
Porter, de fleurs en fleurs, ſes vœux & ſon hommage;
En amour, un cœur inconſtant
Croit trouver le bien ſuprême,
Mais il s'abuſe lui-même,
Et jamais il n'eſt content;
Le chagrin ſuit le changement.

Laiſſons, dans nos vergers, *&c.*

LE *CHŒUR*.

Laiſſons, *&c.*

(*Contredanſe.*)

FIN DU SECOND ACTE.

ACTE

ACTE TROISIÈME.

Le Théâtre représente sur les devants, partie d'un bois, & au fond, une étoile; l'avenüe du milieu, ainsi que les deux paralleles, est décorée de guirlandes de fleurs, qui forment berceau.

SCÈNE PREMIÈRE.

COLETTE, *seule.*

NON, rien ne sauroit me distraire,
La fête qu'on prépare, augmente mon chagrin :
Germain me plaint, veut que j'espere,
Et je ne vois pas Colin !

Bailli ! méchant Bailli ! de mon Berger fidèle,
Pourquoi m'éloigner chaque jour !
Sépare-t-on la tourterelle
De l'objet de ſon amour !

(Colin paraît, aperçoit Colette, & court au-devant d'elle. Colette en fait autant.)

SCÈNE II.

COLETTE, COLIN.

COLETTE.

Ah ! Colin !

COLIN.

Ma chere Colette !
Peut-être que ce ſoir nous allons être unis...

COLETTE.

Je n'oſe l'eſpérer.

COLIN.

Ceſſe d'être inquiéte,
Si Germain m'a dit vrai, tous nos maux ſont finis....
Mais d'où vient que mon cœur palpite
Dès l'inſtant que je te revoi ?

COLETTE.

D'où naît le trouble qui m'agite,
Si-tôt que je ſuis près de toi ?

COLIN.

Lorſque j'étais dans l'enfance,
Je t'aimais plus tranquillement.

COLETTE.

J'avois moins d'impatience,
Quand tu me quittais un moment.

COLIN.

Le long du jour, ſous la coudrette,
Tout me ſervait d'amuſement,
Une fleur, une chanſonnette
Me rendaient joyeux & content.
Mais aujourd'hui... c'eſt autre choſe ;
Je ſoupire, & ne ſais pourquoi.
L'amour en eſt-il donc la cauſe ?
Si tu le ſais, apprends-le moi.

COLETTE.

Tu me pourſuivais ſur l'herbette,
Je m'amuſais avec ton chien :
J'ornais ton chapeau, ta houlette,
Et je ne déſirais plus rien.

Mais aujourd'hui.... c'eſt autre choſe,
Je ſoupire, & ne ſais pourquoi.
L'amour en eſt-il donc la cauſe?
Si tu le ſais, apprends-le moi.

ENSEMBLE.

Je ſoupire, & ne ſais pourquoi,
L'amour en eſt-il donc la cauſe?
Si tu le ſais, apprends le moi.

COLIN.

Ah! ma Colette! ma Bergere!
Laîſſe-moi prendre ta main.

COLETTE donnant ſa main.

Thérefe, dans notre chaumière,
Donne la ſienne à Germain.

COLIN.

Je ſens augmenter mon trouble...

COLETTE.

Malgré moi, le mien redouble....
Colin, Colin, c'eſt le baiſer,
J'aurais dû te le refuſer.

COLIN.

Me le refuſer, ma chere!

COLETTE.

Oui je le crois.... que veux-tu faire ?

COLIN.

La baiser une fois encor....

COLETTE.

Tu vas souffrir....

COLIN.

C'est un tourment, qui fait plaisir.

COLETTE.

Ah ! de bon cœur, je le partage,
Mais si le Bailli vient, qu'allons-nous devenir ?

COLIN.

Germain m'a donné du courage,
Et ce n'est plus qu'à toi que je veux obéir.

(*On entend les premières mesures d'une marche.*)

COLETTE.

Ah ! Colin ! ma frayeur augmente....

COLIN.

Calme ton chagrin,
Therèse & Germain
Vont remplir notre attente.

(*COLETTE & COLIN se retirent sous l'un des bosquets qui sont sur le devant de la Scêne, & l'on entend la marche annoncée, au son de laquelle arrive la noce. Le cortége commence par une troupe de jeunes gens sous les armes, à la tête desquels est LUBIN, & par quelques autres qui joüent des instrumens. Immédiatement après, paraissent le BAILLI, les vieilles & les vieillards, qui précédent GERMAIN & THÉRESE. Ces derniers sont suivis par de jeunes filles, vêtües de blanc, dont deux portent un autel de feuillage, garni de guirlandes, & de couronnes de fleurs. Les hommes ont la cocarde au chapeau, & à la boutonniere, un bouquet, attaché avec des rubans. Les jeunes & les vieilles ont la même parure: en arrivant, on chante le Chœur suivant.*)

SCÊNE III.

GERMAIN, THÉRESE, COLIN, COLETTE, LE BAILLI, LUBIN, *tout le Village.*

LE *CHŒUR.*

TEndres Époux,
Tous nos cœurs s'unissent à vous:

Couple fidèle,
De notre zèle
Agréés les vœux les plus doux.

(COLIN prend COLETTE par la main, & avance avec elle, ſur le bord de la Scène.)

COLIN.

Ah! pour entendre ma prière,
Daignés ſuſpendre vos accens.

COLETTE.

De l'amante la plus ſincère
Écoutés les gémiſſemens.

LE BAILLI.

Voyés nos jeux, ſéchés vos larmes,
Ce jour eſt fait pour les plaiſirs.
Avec nous, goûtés-en les charmes.
Chantés, banniſſés les ſoûpirs.

Voyés nos jeux, ſéchés vos larmes,
Ce jour eſt fait pour les plaiſirs.

COLIN.

Si je n'épouſe ma Colette,
Les plaiſirs ne ſont rien pour moi.

COLETTE.

Oui, Germain, je vous le répète,
Je meurs, si je n'obtiens sa foi.

LE BAILLI.

Mais. . . . .

GERMAIN au BAILLI.

Vous m'avés promis. . . .

LE BAILLI.

Je garde le silence.

GERMAIN.

A peine, tous les deux, sortés-vous de l'enfance.....

COLETTE.

L'été prochain, j'aurai seize ans.

COLIN.

Moi, je les aurai ce Printems.

THÉRÈSE à COLETTE.

Loin de l'Époux, qui nous enflâme,
Chasser le dégoût & l'ennui,
Avec lui, ne former qu'une âme,
N'agir, ne penser que par lui.

D'une Épouſe tendre & fidèle,
Mon enfant, tel eſt le devoir....

COLIN à THÉRESE.

Quand on vous choiſit pour modèle,
Peut-on ne pas le ſavoir?

GERMAIN à COLIN.

De l'Épouſe, qui nous engage,
Prévenir les moindres ſouhaits:
Fixer, au ſein de ſon ménage,
La gaité, l'amour, & la paix:
D'un Epoux, ſenſible & fidèle,
Mon enfant, tel eſt le devoir.

COLETTE à GERMAIN.

Quand on vous choiſit pour modèle,
Peut-on ne pas le ſavoir?

THÉRESE.

Mon cher Bailli, ſoyés ſincère,
Et vous dirés; tout parle contre moi.

LE BAILLI.

La raiſon veut que je diffère,
Mais je ſens bien que l'amour fait la loi.

(*Le* BAILLI *prend une couronne ſur l'autel, & la préſente à* COLETTE.)

LE BAILLI *à* COLETTE.

Vous déſiriés cette couronne,
Vous l'obtenés à votre tour.
L'objet chéri, qui vous la donne,
La reçut des mains de l'amour :
Au bout de cinquante ans encore,
Puiſſe l'époux, qui vous adore,
Vous rappeller un ſi beau jour.

LE CHŒUR.

Au bout de cinquante ans, *&c.*

(*Pendant le Chœur, le Bailli conduit les quatre époux à l'autel, & les unit.*)

LE BAILLI.

Du nœud charmant, qui vous engage,
Chantés, célébrés les douceurs.
Au dieu, qui règne ſur vos cœurs,
Offrés un éternel hommage.

[*Les quatre époux, le* BAILLI, LUBIN.]

Du nœud charmant qui {nous / vous} engage, *&c.*

LE BAILLI, aux vieux.

Il applaudit à vos tendres ardeurs,
Vous comble encor des dons les plus flatteurs;
Les vrais amans ignorent ses rigueurs :

(*Aux jeunes.*)

Il ne s'enfuit point avec l'âge,
Berger fidele, épouse sage,
Ont toûjours droit à ses faveurs.

THÉRESE, GERMAIN, l'un à l'autre.

Tes vertus & ton innocence
De mon cœur nourirent la constance :

COLIN, COLETTE, l'un à l'autre.

Que tes vertus, ton innocence,
Nourissent toûjours ma constance.

GERMAIN.

Rien ne manque plus à mes vœux :

Les quatre ÉPOUX, l'un à l'autre.

Je lis mon bonheur dans tes yeux,
Il sera pur, comme nos feux.

ENSEMBLE.

Du nœud charmant, *&c.* (*On danse.*)

GERMAIN.

Vieilleſſe cruelle
Flétrit nos beaux jours,
Amitié fidèle,
Prolonge leur cours.
L'Amour, l'Amour paſſe,
Mais de ſon plaiſir
Jamais ne s'efface
Le doux ſouvenir.
Un rien le rappelle,
Et, dans tous les tems,
Amitié fidèle,
Souvenirs préſens,
Sont, mes chers enfans,
Volupté nouvelle
Pour les vieux amans.

(On danſe.)

THÉRESE.

Nos plaiſirs ſont l'image
De la fleur qui naît aux champs;
Sachons en faire uſage,
Fleurs, & plaiſirs, n'ont qu'un tems.

LE CHŒUR.

Nos plaiſirs, &c.

THÉRESE.

Amans heureux, femés dans la jeuneſſe,
Si dans l'hiver vous voulés recueillir,
Suivés l'amour, cédés à la tendreſſe,
Mais gardés-vous d'émouſſer le déſir.

LE *CHŒUR.*

Amans heureux, femés dans la jeuneſſe,
Si dans l'hiver, *&c.*

THÊRESE.

Il nous ſoutient, nous fait jouir.
De quelques roſes encore,
Qu'un doux retour, vers le plaiſir,
Sur nos traces fait éclorre.
La fraîcheur, qui les décore,
La fraîcheur en fait tout le prix;
Mais ainſi que les fruits,
Un rien les décolore;
Au lever de l'aurore,
Reſpirés - en l'odeur,
Mais, pour le ſoir encore,
Conſervés leur fraîcheur.

LE *CHŒUR.*

Nos plaiſirs, *&c.* (*On danſe.*)

LUBIN, aux quatre ÉPOUX.

Le dieu qui vous unit, règne ſur tous les cœurs,
Mais ce n'eſt qu'au village
Qu'il répand ſes faveurs.
Le concert des oiſeaux, le tendre émail des fleurs,
Le frais d'un verd bocage
Inſpirent ſes ardeurs,
Et de ſes dons augmentent les douceurs.
La ſimple innocence
Fait naître nos feux,
La douce eſpérance
Sourit à nos vœux :
Nous goutons ſes charmes,
Nous rendons les armes ;
Tout eſt plaiſir dans nos Forêts,
Jamais, jamais,
On n'y voit couler de larmes.

Le dieu qui vous unit, *&c.*

Sous le toît ſolitaire,
De votre humble chaumiere,
Soir & matin, le bonheur vient s'offrir ;
Le riche le déſire,
Et tandis qu'il ſoupire,

Vous ne ſongez qu'à jouir.
Oui, tout me dit, & doit vous dire...
Le dieu qui vous unit, *&c.* (*On danſe.*)

THÉRESE.

Vaine opulence,
Que l'on encenſe,
Honneurs, grandeurs, vous n'êtes rien pour nous:
L'heureux délire,
Qu'amour inſpire,
Eſt le ſeul bien dont nos cœurs ſoient jaloux.

Les quatre ÉPOUX, *le* BAILLI, LUBIN.

Vaine opulence, *&c.*

THÉRESE.

L'inſtant, qui luit pour nos époux,
Eſt ſans nuage,
Pour nous, le ciel n'a point d'orage:
Sur le rivage,
Loin du naufrage,
De tous les vents on brave le courroux.

DUO.

THÉRESE.	*GERMAIN.*
Vaine opulence, Que l'on encenſe, Honneurs, grandeurs, vous n'êtes rien pour nous.	Triſtes palais, vaine opulence, Biens ſuperflus, que l'on encenſe, Honneurs, grandeurs, vous n'êtes rien pour nous.

THERESE.

L'heureux délire,
Qu'amour inſpire,
Eſt le ſeul bien, dont nos cœurs ſoient jaloux.

GERMAIN.

Tendre amour, le charmant délire,
Que la volupté nous inſpire,
Eſt le ſeul bien, dont nos cœurs ſoient jaloux.

LE CHŒUR.

Vaine opulence, &c.

(*Contredanſe générale.*)

FIN.

APPROBATION.

J'AI lu, par ordre de Monſeigneur le Chancelier, *LA CINQUANTAINE*, *Paſtorale*, *en trois actes*; & je crois qu'on peut en permettre l'impreſſion. A Paris le 22 Juillet 1771.

MARIN.

www.ingramcontent.com/pod-product-compliance
Lightning Source LLC
LaVergne TN
LVHW010108230826
846091LV00005B/2148

* 9 7 8 2 3 2 9 6 6 0 3 2 5 *